VOLCANOES
VOLCANES
EN
ES
BILINGUAL
BILINGÜE

Samuel John
BOOKS

Let's start!
¡Comenzamos!

The word "volcano" comes from Vulcan, the Roman god of fire.

———

La palabra "volcán" viene de Vulcano, el dios romano del fuego.

A volcano is an opening in the earth's crust through which magma is released.

Un volcán es una abertura en la corteza terrestre por donde se libera magma.

Its conical shape is due to the accumulation of magma expelled in previous eruptions.

Su forma cónica se debe a la acumulación del magma expulsado en erupciones anteriores.

Volcanoes erupt due to increased pressure as magma heats up, spewing molten rock and gases into the air.

Los volcanes entran en erupción por el aumento de presión al calentarse el magma. Los gases y rocas calientes se expulsan al exterior.

What is magma?

Is defined as molten rock found below the earth's surface.

Lava is magma that reaches the surface.

¿Qué es el magma?

Es roca fundida que se encuentra en el interior de la Tierra.

Cuando el magma sale a la superficie lo llamamos lava.

In addition to magma, volcanoes also expel rocks, gases, and ash.

Además de magma, los volcanes también expulsan rocas, gases y cenizas.

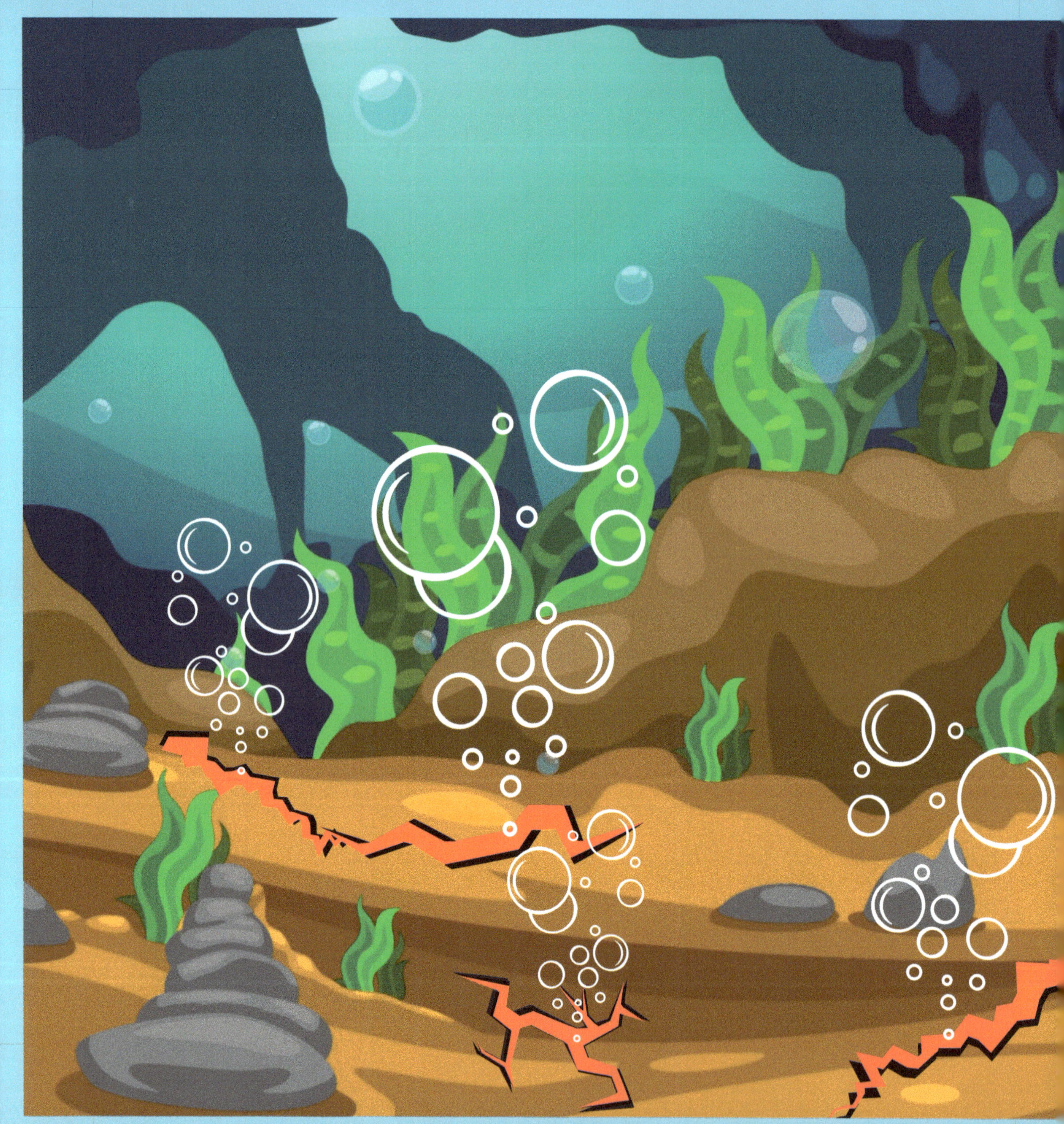

Some volcanoes are at the bottom of the sea. They are found in the form of large cracks underwater.

____

When volcanic eruptions happen at the bottom of the ocean, the accumulated lava may form volcanic islands.

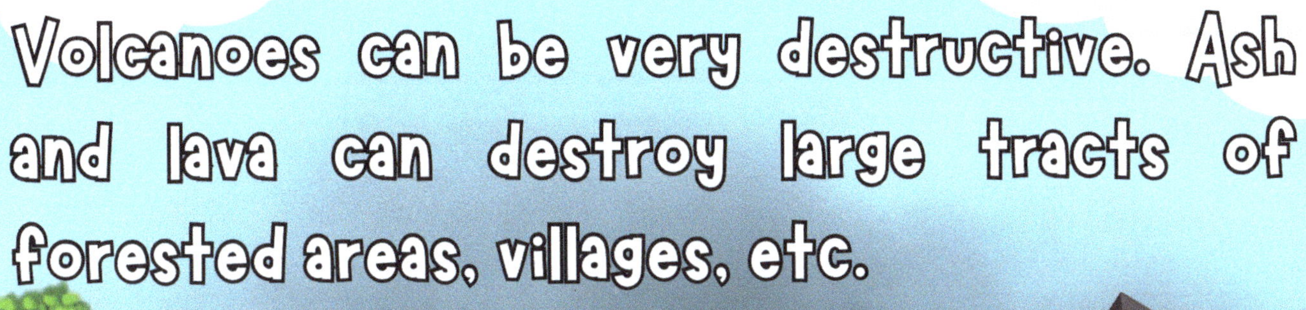

Volcanoes can be very destructive. Ash and lava can destroy large tracts of forested areas, villages, etc.

Los volcanes pueden ser muy destructivos, debido a las rocas, la ceniza, la lava y los gases que expulsan.

There are 1,500 potentially active volcanoes on our planet.

En nuestro planeta hay cerca de 1.500 volcanes potencialmente activos.

The largest active volcano in the world is Hawaii's Mauna Loa.

El volcán más grande de nuestro planeta se llama Mauna Loa y está en Hawaii.

BAR

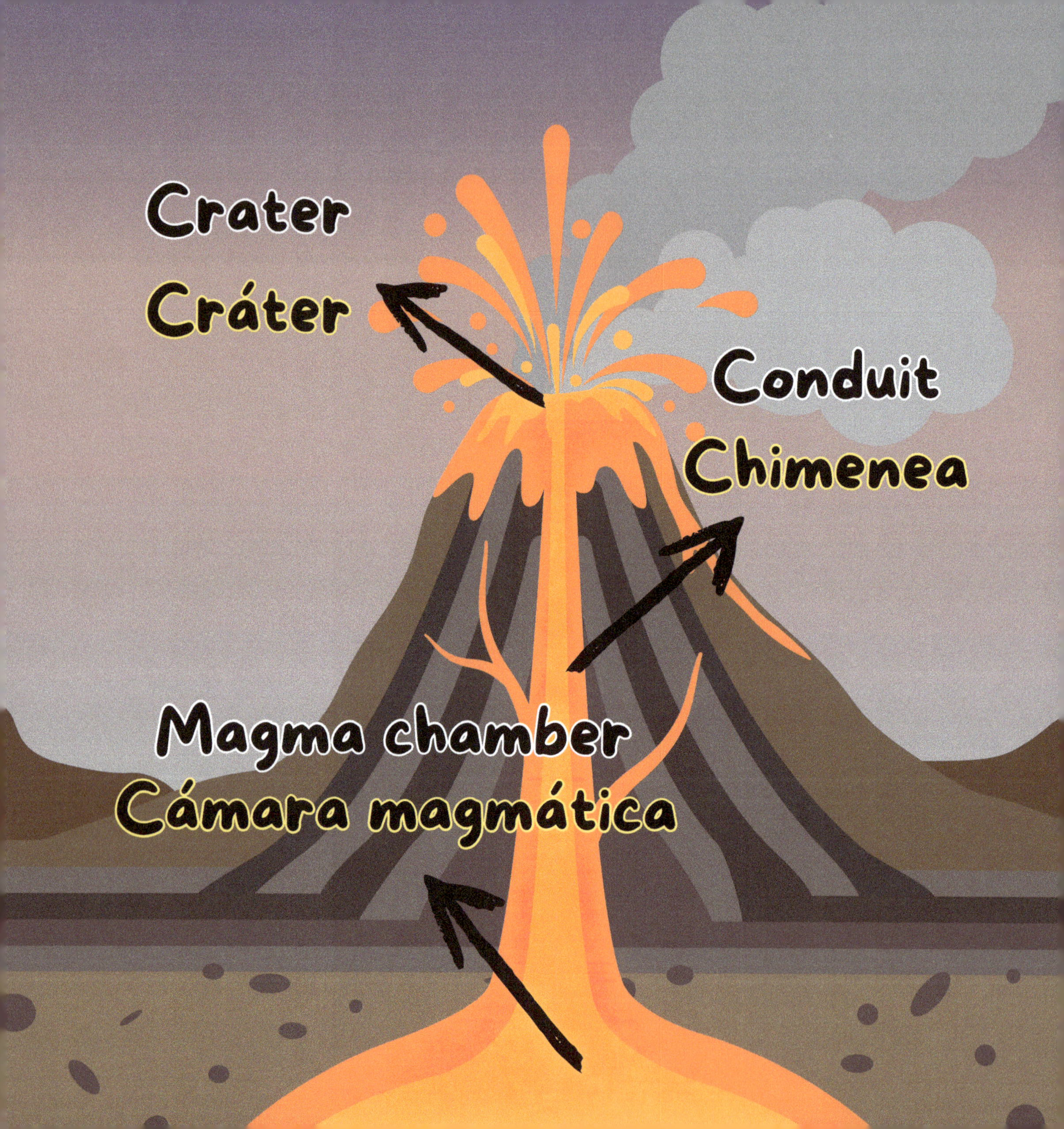

Crater
Cráter
Conduit
Chimenea
Magma chamber
Cámara magmática

Parts of a Volcano / Partes del volcán:

Magma chamber: This is the area beneath a volcano where magma collects before an eruption.

Crater: The hole through which lava, ash, and gases come out.

Conduit: Is the part that ejects lava and volcanic ash.

Cámara magmática: Donde se almacena el magma antes de ser expulsado.

Cráter: El orificio por donde salen la lava, la ceniza y los gases.

Chimenea: Une la cámara magmática con el cráter. Es por donde se expulsa el magma.

And here it ends! I hope you liked it and learned new things.

I want to ask you a favor so that this book reaches more people, and that is that you rate it with a sincere opinion on the platform where you purchased it.

With that small gesture, you will be helping me to carry on with new projects.

I can't wait to start creating my next book for you!

See you soon!

¡Hasta aquí todo! Espero que te haya gustado y que hayas aprendido cosas nuevas.

Quiero pedirte un favor para que este libro llegue a más personas, y es que lo valores con una sincera opinión en la plataforma donde lo hayas adquirido.

Con ese pequeño gesto me estarás ayudando a continuar con nuevos proyectos.

¡Estoy deseando empezar a crear mi próximo libro para ti!

¡Hasta la próxima!

THE SOLAR SYSTEM
EL SISTEMA SOLAR
EN
ES
BILINGUAL
BILINGÜE
Años/Age
3-6

Subscribe to my newsletter and stay informed of new publications, offers and free book promotions.

www.subscribepage.io/ebookfree

FOLLOW ME

www.amazon.com/author/samueljohnbooks